MIND
SHOT
1

Tobi Krick war mal Krankenpfleger. Er hat nicht einfach nur Pillen verteilt und Fieber gemessen. Er hat seinen Patienten liebend gerne eine gute Zeiten beschert.

Nach seiner Ausbildung zog es Tobi Krick auf die Philippinen. Nein, nicht zum Tauchen oder Sonnenbaden, sondern zum Helfen in der Entwicklungshilfe. Drei Jahre später kehrte er mit einer Mission zurück: Nicht mehr der fremdbestimmte Mr. Nice Guy sein, sondern etwas Eigenes aufbauen und Menschen inspirieren, ein erfüllteres Leben zu leben. Durch viele Weiterbildungen und einem tiefen Interesse an Spiritualität, Psychologie, Persönlichkeitsentwicklung und Business entwickelte er sich nach und nach zum Top Coach für Selbstständige.

Gemeinsam mit seinem Freund Stefan Gebhardt zündete er die nächste Stufe: Erfolgsbeschleuniger. Sie helfen Unternehmern, nicht nur Kohle zu machen, sondern persönlich zu wachsen und ein erfülltes und erfolgreiches Leben zu leben. Philosophie, Psychologie, Spiritualität – Tobi bringt alles zusammen, um das Geheimrezept fürs Durchbrechen mentaler Schranken zu liefern.

Sein Ziel? 1.000.000 Menschen zu inspirieren. Eine Million Menschen sollen lernen, das Leben weniger ernst und sich selbst weniger wichtig zu nehmen. Die Devise lautet: Lebe glücklicher, erfüllter, erfolgreicher.

In seinen Büchern findest Du keine Kuschelpädagogik, sondern ehrliche, unverblümte Wahrheiten mit einer ordentlichen Portion Humor. Bereit für eine Lebensveränderung? Tobi Krick ist der Mann, der Dir nicht erzählt, was Du hören willst, sondern was Du hören musst.

Bibliografische Information der Deutschen Nationalbibliothek: Die Deutsche Nationalbibliothek verzeichnet diese Publikation in der Deutschen Nationalbibliografie; detaillierte bibliografische Daten sind im Internet über dnb.dnb.de abrufbar.

Auflage 1 - 2024

Illustrationen: Peter Beckhaus, Mainz
www.beckhaus-design.de

Herstellung und Verlag:
BoD – Books on Demand, Norderstedt
ISBN: 978-3-75973-666-6

Inhaltsverzeichnis

Einleitung — 6

Was Du über Selbstsabotage wissen musst — 9

Glaubenssätze verändern — 14

Beispiele für Selbstsabotage — 18

- Privat — 18
- Im Business — 25

Wie lege ich nach und nach Selbstsabotage ab? — 42

- Fühlen statt Denken — 43
- Kenne und erfülle Deine Bedürfnisse — 46
- Jeden Tag eine beschissene Sache machen — 49
- Gedankenstopp — 52

Um etwas Positives zu tun, müssen wir hier eine positive Vision entwickeln.
- Dalai Lama

Ich glaube an die Macht der Vision.
Eine gute Idee kann das ganze Leben verändern. Das eigene, das von anderen und letztlich die ganze Welt.

Als Coach für Unternehmer habe ich in den letzten Jahren viele Visionäre kennengelernt. Menschen, die den Mut hatten, mit ihrer Idee all-in zu gehen. Sich selbst genug zu vertrauen, um den sicheren Hafen eines Jobs oder dessen, was gewohnt war, zu verlassen, um etwas Eigenes aufzubauen. Den Weg hab ich auch gewählt.

Oft hab ich auch gesehen, wie gute Ideen verhungern. Wie Visionen einfach nur Visionen blieben, weil eines gefehlt hat: Die konsequente beständige Umsetzung dessen, was die Vision wahr gemacht hätte.

In meinem eigenen Leben sehe ich das genauso wie in dem Leben unserer Kunden: Eine gute Idee ist nur so gut wie die Schritte, die wir gehen, um sie in die Tat umzusetzen. Stimmst Du mir zu?

Wenn Erfolg wirklich die Folge des Tuns ist, dann müssen wir uns mit den Dingen beschäftigen, die uns vom Tun abhalten. Wir müssen diese Erfolgsblockaden überwinden, damit aus der Vision etwas Echtes und Anfassbares wird.

Einer der häufigsten Erfolgsblockaden ist die Selbstsabotage. Wenn Du Dir dieses Buch selbst gekauft hast, dann hast Du wahrscheinlich schon verstanden, dass Du Dich immer wieder selbst sabotierst. Vielleicht, weil Du tief drinnen noch nicht glaubst, der fantastische Unternehmer zu sein, der Du sein müsstest, um Deine Träume zu verfolgen. Du denkst, noch nicht weit genug zu sein. Irgendwie brechen immer wieder Deine alten Verhaltensmuster durch, wenn Du Dich an den Schreibtisch setzen willst, um Deinen Traum umzusetzen.

In diesem kurzen Buch will ich Dir helfen, Dein Bewusstsein zu erweitern, um Herr über Deine Selbstsabotage zu werden. Ich gebe Dir viele hilfreiche Tools mit, die ich und viele unserer Klienten bei Erfolgsbeschleuniger nutzen, um Umsetzer zu werden. Macher, die nicht nur träumen und denken, sondern ihre Träume und Gedanken leben und erfolgreich werden.

Es gibt zwei Gründe, warum man so ein Buch schreiben kann. Entweder ist man so was wie ein erleuchteter Guru, der diese Themen zu 100% gemeistert hat und jetzt die Welt an der Fülle seiner Weisheit teilhaben lassen will. Oder man kämpft selbst mit diesen Problemen, über die man schreibt. Man hilft sich selbst, diese Herausforderungen zu lösen. Das ist mit Sicherheit ein Buch der zweiten Kategorie.
Ich habe meine Selbstsabotage nicht besiegt. Ich glaube sogar, dass das gar nicht möglich ist.

Aber ich mache jede Woche, jeden Monat, jedes Jahr Fortschritte und ich bin von einem passiven, fremdbestimmten Couchpotato zu jemandem geworden, der gemeinsam mit seinem Geschäftspartner Stefan hunderten Unternehmern geholfen, viele Menschen gecoacht, ein paar Bücher geschrieben und einiges umgesetzt hat, wovon ich vor einigen Jahren nur geträumt habe.
Und wenn meine Expertise als Mindset-Coach und meine Lebenserfahrung auch nur einem Menschen helfen, ein erfüllteres, glücklicheres und erfolgreicheres Leben zu leben, dann hab ich meine Mission erfüllt. Vielleicht bist Du diese eine Person.

Lebe, um zu lernen, und Du wirst wirklich lernen zu leben.
- John C. Maxwell

Also: Lies dieses Buch als Lernender. Als jemand, der sich und seine Entwicklung ernst nimmt.

Mache es wie Bruce Lee:

„Nimm an, was nützlich ist. Lasse weg, was unnütz ist. Und füge Dein eigenes hinzu."
Das sagt mein Geschäftspartner vor fast jedem Vertriebstraining. Denn dort sitzen auch Menschen, die sich manchmal die Geschichte erzählen, sie wüssten schon alles. Aber die Frage ist ja: „Kennst Du schon, oder kannst Du schon?"

Manches wird neu für Dich sein. Einiges ist eine gute Erinnerung. Aber nutze dieses Buch für Dich als eine ernst gemeinte Hilfe, um Dich aus den Fallen der Selbstsabotage zu befreien. Und falls es Dir nichts bringt, dann leg es einfach weg oder verschenke es an jemanden, der aufhören will, sich immer und immer wieder selbst zu sabotieren.

Was Du über Selbstsabotage wissen musst

Fangen wir mal ganz vorne an. Wo auch sonst.
Bevor Du Dich in den Kampf gegen Deine Selbstsabotage stürzt, musst Du ein paar Dinge über sie wissen. Denn wenn Du diese Dinge über Selbstsabotage weißt, dann wird es Dir viel leichter fallen, Dir nach und nach nicht mehr selbst im Weg zu stehen. Wenn Du mit der falschen Erwartung oder mit unrealistischen Ansprüchen loslegst, ist der Kampf vielleicht schon zu Ende, bevor er überhaupt angefangen hat.

Jedes Verhalten ist eine Lösung. So widersprüchlich es scheinen mag, unbewusst wollen wir immer nur unser Bestes.

I. Du wirst Selbstsabotage nicht los

Mal ehrlich, das klingt jetzt erst mal so motivierend wie der Montagmorgen nach einer durchzechten Nacht. Du hast Dir dieses Buch gekauft in der Hoffnung, das Thema Selbstsabotage könne man einfach abschalten wie die lästige Push-Benachrichtigung der unliebsamen Familien-Whatsapp-Gruppe, oder? Tja, so funktioniert der Mensch aber nicht. Du wirst niemals den Punkt erreichen, an dem Du Dich nie wieder selbst sabotierst. Mach Dich darauf gefasst, weiterhin Dein eigener Stolperstein zu sein – zumindest ab und zu.
Akzeptiere es am besten gleich, so wie Du das mit jeder AGB auch machst.

II. Selbstsabotage ist nichts Schlechtes. Du tust Dir letztlich was Gutes.

Hört sich paradox an, oder? Du fragst Dich bestimmt, warum jemand freiwillig zu seinem eigenen inneren Folterknecht werden sollte. Jedes Verhalten, selbst das, was Dich zur Weißglut treibt, kommt eigentlich aus einem guten Kern. Glaub's oder nicht, aber tief im Inneren willst Du nur das Beste für Dich. Du willst bewusst oder unbewusst letztlich nur, dass es Dir gut geht. Sobald Du verstehst, warum Du Dich selbst aufs Kreuz legst, kannst Du anfangen, Dich mit viel mehr Mitgefühl zu behandeln. Dann öffnet sich die Tür zu neuen, konstruktiveren Verhaltensweisen, und wer weiß: Vielleicht bist Du ja bald Dein eigener bester Freund.
Wenn Du verstehst, wozu Dir Deine Sabotage dienen soll, bewusst oder unbewusst, wird es Dir unendlich viel leichter fallen, mit dem Verhalten zu brechen.

Wir verhalten uns immer dem gemäß, was wir von uns selbst glauben, zu sein.

III. Deine Selbstsabotage passt zu Dir.

Wir alle sind die wandelnden Bestätigungen unserer eigenen Überzeugungen. Klingt erst mal wie ein Spruch, den Du auf einem schäbigen Motivationsposter findest, nicht wahr? Aber es ist wahr: Du versuchst ständig, die Person zu sein, die Du glaubst zu sein. Dieses bisschen verzwickte Wahrheit könnte der beste Turbo für Deine Persönlichkeitsentwicklung sein. Dein ganzes Handeln, Deine Erfolge, Fehlschläge, Dein Charakter und, ja, sogar Deine Selbstsabotage, sie alle sind ein direkter Ausdruck dessen, was Du von Dir selbst hältst. Eine echt bittere Pille zu Schlucken, oder? Wahrscheinlich bestätigt das nur, was Du insgeheim schon wusstest. Wenn Du im Innersten glaubst, ein Versager zu sein, warum solltest Du

dann beständig wie das Uhrwerk einer 100.000 €-Rolex an Deinem Business arbeiten? Passt ja nicht zu Deinem Selbstverständnis.
Wenn Du Dich tief drin wertlos und abstoßend findest, dann ist es doch kein Wunder, dass sich der Gang ins Fitnessstudio wie eine Wurzelbehandlung beim Zahnarzt anfühlt.

Wir verhalten uns immer dem gemäß, was wir von uns selbst glauben, zu sein.

IV. Selbstsabotage kann ein ganz schön hinterhältiges Arschloch sein.

Sie ist wie der perfide Bösewicht in diesem Film, der immer die listigsten Pläne schmiedet und oft vom Helden viel zu spät entlarvt wird. Der Schaden ist dann schon längst getan. Unser Ego, unser innere Kritiker oder wie Du Deine unterbewusste Innenwelt nennen magst, ist ganz schön gerissen. Es will Dich von Deinen Wünschen und Zielen abhalten. Es meint es nicht böse, aber es hat die feste Überzeugung, dass Veränderung der Feind ist. Und gerade dann, wenn Du denkst, Du hättest Dich und Deine Muster durchschaut, zack! – findest Du Dich selbst dabei, wie Du Dich auf neue, subtile Weisen sabotierst, oft ohne es überhaupt zu merken.

Ich spreche oft mit Selbstständigen, die mir erzählen, sie hätten das ultimative Mindset und bräuchten keine Hilfe mehr. Spoiler-Alarm: Das ist Selbstsabotage in Reinform, eine gemütliche Lüge, die sie sich erzählen, um nicht aus ihrer Komfortzone herauszutreten. Ich kann das total nachvollziehen, wirklich. Kein Urteil hier, denn hey, auch ich bin Weltmeister im Bullshit-Bingo in meinem eigenen Kopf.

Also, lasst uns eins festhalten: Selbstsabotage ist oft nicht so offensichtlich. Sie ist listig und raffiniert und verdammt gut darin, sich zu verstecken. Ein Glück, dass Du dieses Buch in die Hand genommen hast. Es ist ein bisschen wie auf einem Minenfeld spazieren zu gehen – dieses Buch ist der Metalldetektor. Es wird Dich nicht über Nacht in einen selbstsicheren Überflieger verwandeln, aber es wird Dir helfen, die Minen – sprich die Sabotageakte – zu erkennen, bevor sie hochgehen. Und das ist schon mal ein verdammt guter Anfang.

V. Der beste Weg, der Selbstsabotage den Mittelfinger zu zeigen? Limitierende Glaubenssätze umschreiben.

Jap, diese Glaubenssätze. Ist schon viel drüber geschrieben und gelabert worden. Ein echtes Buzzword. Aber warum sind die überhaupt so wichtig? Naja, weil, wenn Du die Glaubenssätze, die Deine Selbstsabotage füttern, endlich aufspürst, kannst Du anfangen, sie neu zu schreiben.

Limitierende Glaubenssätze sind wie ein Rucksack voller Steine, den Du die ganze Zeit mit Dir rumschleppst. An sich kein Problem. Es sei denn, Du willst einen Marathon laufen. Dann ist das ganz schön hinderlich. Wie wirst Du also zum Marathon-Champion Deines eigenen Lebens? Indem Du die richtigen Schuhe schnürst, die nicht drücken, ein luftiges Shirt anziehst, ein paar gute Snacks dabei hast, also Deine ganze Ausrüstung stimmt – sprich hilfreiche Glaubenssätze. Stell Dir vor, wie leicht Dein Schritt wird, wenn Du diesen verdammten Rucksack einfach abgelegt hast. Wie erleichternd das ist. Das ganze Leben fühlt sich gleich so viel leichter an.

Im nächsten Kapitel gehen wir das Ganze an. Ich zeige Dir in fünf einfachen Schritten, wie Du Deine limitierenden Glaubenssätze aufspürst. Und dann? Dann schreiten wir zur Tat und schreiben sie um. Das wird ein bisschen wie Gehirn-Jogging für Fortgeschrittene – aber ich verspreche Dir, das Ergebnis ist es wert. Du wirst sehen, mit dem richtigen Mindset im Kopf ist der Weg zum Erfolg nicht nur möglich, sondern auch verdammt befriedigend.

Glaubenssätze verändern

Es ist schwieriger, sich selbst zu regieren, als eine ganze Stadt zu regieren.
- Jordan Peterson

Als Erstes brauchst Du ein Ziel. Klingt banal, aber es ist fast schon eine Lebensweisheit. Nur wenn Du weißt, wohin Du willst, kannst Du auch den richtigen Weg finden. Ohne Ziel kannst Du zwar auch eine schöne Zeit auf zufälligen Pfaden haben, aber echter Fortschritt? Das ist dann reines Glücksspiel. Dein Leben proaktiv zu gestalten bedeutet, klare Ziele zu setzen.

Woran hindert Dich Deine Selbstsabotage? Welches Ziel strebst Du eigentlich an? Mach es konkret. Willst Du eine bestimmte Summe auf Deinem Konto sehen? Eine Zahl auf der Waage? Ein bestimmtes Lebensgefühl erreichen? Geht es um eine Anzahl von Kunden oder Dein eigenes Café? Willst Du gesund mit Deinen Kindern im Garten spielen? Willst Du die dickste Kohlrabi der Welt züchten? Willst Du Deine Eltern berenten? Oder Deinem Kind einen Opel Corsa zum Schulabschluss hinterlassen? Schreib es auf!
Das ist der erste Schritt.

Wenn Du das gemacht hast, folgen Schritte zwei bis fünf. Vier Fragen, die Du jetzt nach und nach durchgehen kannst, um Deine Glaubenssätze zu identifizieren.

Warum muss das Ziel zuerst klar sein?

Es gibt keine schlechten Glaubenssätze. Alles ist einfach nur. Gut und Schlecht entsteht erst dadurch, dass wir es werten. Es gibt also keine schlechten Glaubenssätze. Das sind nur Gedanken, die sich durch Deine Erziehung und Erfahrungen gebildet haben und die Du immer wieder wiederholst. An sich kein Problem. Aber wenn Du ein Ziel

hast, das weit genug außerhalb Deiner Komfortzone liegt, dann kracht es. Dann wird ein Glaubenssatz hilfreich oder eben nicht hilfreich.
Macht Sinn?

Also Attacke! Los geht‘s! Hier sind die vier Fragen. Geh sie nacheinander durch und beantworte jede Frage spontan mit ein paar Stichpunkten. Mach Dir nicht zu viele Gedanken dabei. Starte einfach.

Frage #1:
Was ist der Vorteil, wenn Du Dein Ziel erreichst?

Frage #2:
Was ist der Nachteil, wenn Du Dein Ziel nicht erreichst?

Frage #3:
Was ist der Vorteil, wenn Du Dein Ziel nicht erreichst?

Frage #4
Was ist der Nachteil, wenn Du Dein Ziel erreichst?

Diese vier Fragen kannst Du immer und immer wieder durchgehen, wenn Du merkst, dass Du Dich selbst sabotierst. Manchmal wird es Dir schwerer fallen, ehrliche Antworten zu finden. Bleib dran. Nimm die Fragen ernst und Du wirst erstaunt sein, was für tiefe Überzeugungen Dir unbewusst das Leben schwer gemacht haben.

In meiner NLP Ausbildung, ein Teil meiner Ausbildung zum Coach, wurde ein fantastisches und wahres Beispiel genannt, wie unfassbar limitierend unsere Glaubenssätze sein können.

Ein Unternehmer aus Irland wollte schon seit Jahren für sich und seine Familie ein Traumhaus am Meer kaufen. Es war für ihn ein Lebenstraum. Immer wieder suchte er nach passenden Immobilien. Jedes Mal, wenn er etwas passendes gefunden hatte, passierten Dinge, die den Kauf unmöglich machten. Dem Geschäft ging es plötzlich schlecht. Finanzierungen wurden abgelehnt. Das Haus war sofort vergeben. Das zog sich über Jahre.

Eines Tages lernte der Unternehmer einen Coach kennen, den Ausbilder aus meinem NLP Programm. Er ging mit ihm die vier Fragen durch. Bei der vierten Frage wurde es klar:

Der Unternehmer befürchtete, dass seine Frau und seine Kinder gar nicht ans Meer ziehen wollten. Seine Frau hatte endlich ihren Traumjob in der Stadt gefunden. Die Kinder sind super integriert in der Schule. Falls er seine Familie derart entwurzeln würde, wäre der familiäre Frieden gestört. Vielleicht würde sich seine Frau sogar von ihm trennen. Deshalb sabotierte er sich jahrelang unbewusst, um sich nicht in diese unangenehme Situation zu bringen.

Mit diesem Wissen änderte der Unternehmer sein Ziel, denn seine Familie war ihm das Wichtigste. Anstatt ans Meer ziehen zu wollen, suchte er nach einem Wochenendhaus. Es durfte genauso luxuriös und groß sein, aber es diente eben nicht als Lebensmittelpunkt, sondern als Ferien- und Wochenendhaus.

Es dauerte keine drei Monate, bis er ein passendes Haus gefunden hatte und sich das Haus sogar leisten konnte. Die jahrelange Selbstsabotage hatte ein Ende.

Wenn dieser Mensch sich jahrelang davon abgehalten hat, seinen Traum zu leben, wo sabotieren Du und ich uns die ganze Zeit? Was machen wir uns unmöglich, weil wir limitierende Überzeugungen in uns tragen, die uns vor ungewollter Veränderung schützen?

Beispiele für Selbstsabotage

In unserer Erfolgsbeschleuniger Community treffen sich Unternehmer und Selbstständige mehrmals jede Woche, um gemeinsam zu wachsen. Letztens haben wir das heiße Eisen ‚Selbstsabotage' thematisiert. Ich merke in so einer Session sofort, ob das Thema bei den Mitgliedern einschlägt wie eine Bombe oder eher nicht. Selbstsabotage schien jeden etwas anzugehen. Sie brannten darauf, ihre eigenen Sabotagemuster zu entlarven und endlich abzulegen.

Als ich die Runde fragte, wo Selbstsabotage in ihrem Leben eine Rolle spielt und was sie sich aus der Session mitnehmen wollen, kam ein Schwall an konkreten Problemen hoch, die ich in diesem Kapitel mit Dir teile. Du bekommst praktische echte Lösungsansätze und Impulse. Schnapp Dir, was Dir dient. Und vielleicht erkennst Du Dich ja in der ein oder anderen Geschichte wieder.

> **Das menschliche Verhalten fließt aus drei Hauptquellen:**
> **Verlangen, Emotionen und Wissen.**
> - Plato

Selbstsabotage im Privatleben

„Ich rede mit meinem Partner nicht über meine Wünsche und Bedürfnisse, reg mich aber auf, dass sie nicht erfüllt werden."

Es ist sauwichtig, mit Deinem Partner offen und direkt über das zu reden, was Dir unter den Nägeln brennt – Deine Wünsche, Deine Bedürfnisse, das ganze Programm. Klartext reden hilft nicht nur, um nervige Missverständnisse zu vermeiden, sondern wird eure Beziehung auch massiv stärken. Fang mit kleinen, aber konkreten Dingen an, damit sich das Ganze nicht anfühlt, als würdest Du gleich mit der Tür ins Haus fallen. Zum Beispiel, welche Brötchenseite magst Du lieber? Oben oder unten?

Hier ist der Clou: Indem Du klein anfängst, baust Du langsam aber sicher Vertrauen auf. In Deinen Partner und in Dich selbst. Das ist wie beim Training – Du fängst nicht mit den schwersten Gewichten an. Du steigerst Dich, gewöhnst Dich an die Belastung und plötzlich bist Du bereit, die größeren, schwierigeren Themen anzupacken, ohne dass Dir dabei die Puste ausgeht. Irgendwann wirst Du dann in der Lage sein, auch die großen Dinge anzusprechen. Vielleicht sogar Deine Vorlieben im Bett.

Mach den Mund auf, aber mit Plan! Erklär Deinem Partner, was Dich bewegt, und warum das wichtig für Dich ist. Das ist kein Zeichen von Schwäche, sondern von verdammt viel Mut. Offene Kommunikation ist nicht nur nützlich; sie ist notwendig, wenn Du nicht in einer Beziehung leben willst, die so oberflächlich ist wie eine Pfütze in der Wüstensonne.

Sei Dir einer Sache bewusst: Dein Partner ist nicht dafür zuständig, Deine Bedürfnisse zu erfüllen. Das ist Dein Job. Zu 100%. Laut Alfred Adler, einem wegweisenden Psychologen, muss in jeder Beziehung eine ‚Trennung der Aufgaben' vollzogen werden. Das bedeutet nicht, wer ist für die Küche und wer für die Wäsche verantwortlich. Das heißt, Du musst Dir klar machen, wer für Deine Bedürfnisse zuständig ist und für die Reaktionen darauf, wenn Du sie äußerst. Dein Partner ist nicht dafür zuständig, Dir die Wünsche von den Augen abzulesen oder sie zu erfüllen. Das ist Dein Job. Du hingegen bist nicht dafür zuständig, dass Dein Partner Dich mag oder auf Deine Bedürfnisse besonders toll reagiert. Dass ist seine oder ihre Aufgabe.

Also: Du willst vielleicht immer mal Blumen mitgebracht bekommen oder ein persönliches Geschenk erhalten? Das ist ein toller Wunsch! Deine Aufgabe ist es, entweder klar zu kommunizieren oder selbst für diese „Überraschung" zu sorgen. Das ist nicht der Job Deines Partners. Erwarte nichts. Sorge selbst dafür, dass ihr beide Euch klar seid. Wie Dein Partner dann darauf reagiert ist wieder nicht Dein Job. Verstanden?

Perfekt!

„Bei Herausforderungen male ich mir immer das Schlimmste aus."

Die Gewohnheit, sich das schlimmstmögliche Szenario auszumalen, ist ein echter Klassiker unter den Schutzmechanismen. Unser Hirn meint es ja gut, will uns auf den schlimmsten Fall vorbereiten, als wären wir ständig in einem Actionfilm. Aber mal ehrlich, das ist meistens total übertrieben.

Um aus diesem Hamsterrad der Horrorszenarien auszusteigen, könntest Du mal den Spieß umdrehen: Statt Dir ständig den Untergang auszumalen, versuch doch mal, Dir das bestmögliche Ergebnis vorzustellen. Diese „Best-Case-Szenario"-Übung ist wie ein mentaler Urlaub von Deinen Ängsten. Stell Dir vor, alles läuft nicht nur gut, sondern verdammt gut. Das kann Wunder wirken, um Deine Nerven zu beruhigen und Dir eine ausgeglichenere Sichtweise zu verschaffen.

Es ist ein bisschen so, als würdest Du Deinem Gehirn beibringen, statt immer nur den Pessimisten zu spielen, auch mal die rosarote Brille aufzusetzen und das Leben von der Sonnenseite zu betrachten. Das Ziel ist nicht, dass Du Dich selbst belügst, sondern dass Du eine gesündere Balance zwischen dem Katastrophendenken und einem überzeugten Optimismus findest. Dadurch wirst Du nicht nur entspannter, sondern auch offener für die vielen Möglichkeiten, die das Leben zu bieten hat. Deshalb, warum nicht mal den inneren Schwarzseher auf Urlaub schicken und stattdessen den inneren Sonnyboy rauslassen? Das Leben könnte überraschend positiv darauf reagieren.

> **Jedes Unglück, jeder Misserfolg, jeder Kummer trägt den Keim für einen gleichen oder größeren Nutzen in sich.**
> - Napoleon Hill

„Ich mache immer wieder die gleichen Fehler."

Das Erkennen wiederholter Fehler ist der erste wichtige Schritt zur Veränderung. Hey, jeder macht Fehler, aber nicht jeder lernt daraus, richtig? Versuche mal, genau zu analysieren, wann und warum Du immer wieder in dieselben Fettnäpfchen trittst. Was sind die Auslöser? Welche Umstände bringen Dich immer wieder zum Stolpern? Eine kluge Strategie ist es, ein Tagebuch zu führen. Klingt vielleicht erstmal nach Teenie-Kram, aber es ist eines meiner absoluten Lieblingstools. Und ich bin kein Teenie mehr! Schreib auf, was schief gelaufen ist, und noch wichtiger, warum es schief gelaufen ist.

Erinnere Dich: Du meinst es ja eigentlich nicht böse mit Dir. Du bist auch nicht blöd. Aber es gibt einen Grund, warum Du Dich immer wieder in die gleiche Lage zu bringen scheinst. Und das hat was mit Deiner Identität und Deinen Glaubenssätzen zu tun.

Ein Tagebuch wird wie Dein persönlicher Spürhund, der Muster in Deinem Chaos aufdeckt. Wenn Du erst einmal siehst, welche Trigger Dich aus der Bahn werfen, kannst Du anfangen, alternative Routen zu planen. Statt immer die alte Leier zu spielen, entwickelst Du neue, clevere Handlungsweisen.

„Ich will immer alles perfekt machen und fange dann gar nicht an.”

Perfektionismus kann ein echter Spaßkiller sein. Anstatt Dich auf das perfekte Ergebnis zu fixieren, was meistens eh nur in Frustration endet, probier mal, Dich auf den Prozess zu konzentrieren. Wenn das Machen wichtiger wird als das Erreichen, kommst Du vielleicht wieder in einen kreativen Flow und machst automatisch Fortschritte. Setz Dir kleine, machbare Ziele und erlaub Dir, ab und zu auf die Nase zu fallen. Fehler? Die sind nicht nur okay, sondern superwichtig! Sie sind Teil des Lernprozesses.

Anstatt Dir also den Kopf darüber zu zerbrechen, wie alles perfekt sein sollte, akzeptiere, dass der Weg das Ziel ist. Und dieser Weg wird holprig, chaotisch und manchmal richtig hässlich sein. Aber genau das ist es, was den Prozess so wertvoll macht. Jeder kleine Schritt, jeder Fehltritt, und ja, sogar die Momente, in denen Du total versagst, sind Gold wert.

Perfektionismus ist eine super Eigenschaft. Du lieferst ja dadurch meistens echt gute Arbeit ab, oder? Aber er lähmt Dich auch. Das könnte ein guter Moment sein, die vier Glaubenssatzfragen mal durchzugehen. Was scheint Dir Dein Perfektionismus zu bringen? Liegt da vielleicht eine Überzeugung hinter? Wovor will Dich der Perfektionismus schützen?

„Ich mache Sport, aber stopfe mich dann mit Schokoriegeln voll."

Ich verurteile Dich nicht. Kann ich voll nachvollziehen. Ich malträtiere mich auch gerne mal sportlich. Das befriedigt mich sogar. Aber auf Doppelkekse und Kuchen verzichten... Das fällt mir nicht so leicht.

Woran könnte das liegen?

Sehr wahrscheinlich an einem ganz spannenden Mechanismus: Sport bedeutet Arbeit und Leiden für Dich. Zumindest so ein bisschen. Essen hingegen ist Belohnung und Trost. Das ist bei vielen Menschen so. Wir sind ja schon als Kinder mit dem Eis und dem Schokoriegel getröstet worden wohingegen Sport oft mit „mach bloß nicht zu viel" oder „Sport ist Mord" belächelt wurde.

Wie also fast immer ist Dein Selbstverständnis und Deine psychologische Bewertung von dem, was Du machst, ursächlich für Dein Verhalten. Faszinierend, oder?

Vielleicht magst Du das durch ein paar gezielte Hypnosen in den Griff kriegen, aber wenn Du dazu keinen Bock hast, dann ist es Trainingssache. Du musst Dir den Sport und das gesunde Essen noch belohnender gestalten und die ungesunde Kacke etwas schwerer und unliebsamer machen. Im Laufe der Zeit wird es leichter, wenn Du konsequent bist.

Was könnte also ein guter Plan sein?

Kaufe keine Süßigkeiten mehr auf Vorrat. Wenn Du jedes Mal für einen Riegel zur Tanke musst, wird es etwas komplizierter und vielleicht sogar unbeliebter.

Belohne Dich mit etwas anderem als Essen. Vielleicht ist eine Massage sogar eine bessere Belohnung als Dir mal

wieder drei Pizzen zu bestellen.
Was, abgesehen von Essen, befriedigt Dich noch? Was macht Dir so richtig Spaß? Nutze gesunde Alternativen, die Dir trotzdem Spaß machen als Belohnung. Du musst ja nicht zu 100% auf Snacks verzichten. Aber Schritt für Schritt wirst Du automatisch eine andere Beziehung zu Essen entwickeln.

Selbstsabotage im Business

Dein Leben muss eine Entwicklung hin zur Eigenverantwortung sein - zuerst geistig in Bezug auf Deine Unabhängigkeit, und dann physisch in Bezug auf Deine Arbeit, indem Du das in Besitz nimmst, was Du produzierst.
- Robert Greene

„Ich zweifle immer wieder an mir selbst. Manchmal so stark, dass ich nicht mehr umsetze."

Als Selbstzweifel-Profi hab ich dafür viel Verständnis. In mir gibt es auch diesen starken Kern des Zweifelns. Andauernd hinterfrage ich mich und mache mir Gedanken, ob ich gut genug bin oder doch alles an den Nagel hängen sollte. Kaum ein Thema bespreche ich so regelmäßig mit meinem Coach, wie meine eigene Selbstzweifelproblematik. Deswegen liegt mir das Thema Selbstzweifel und Selbstbewusstsein so am Herzen.

Eine Sache hat mir massiv geholfen, dass meine Selbstzweifel nicht mehr so lähmend sind, wie sie mal waren: **Akzeptanz**.

Klingt viel einfacher als es ist.

Mein Coach meinte eines Tages zu mir:
„Tobi, Du kannst so dankbar für Deine Selbstzweifel sein."
„Dankbar? Ich hinterfrage mich andauernd und lähme mich damit. Wieso sollte ich dafür dankbar sein?"
„Deine Selbstzweifel halten Dich demütig. Du wirst wahrscheinlich nie zu einem arroganten überheblichen Menschen werden. Deine Selbstzweifel machen Dich zu einem anziehenden Menschen."

Das hat gesessen. Was ist, wenn Selbstzweifel gar nicht mein Feind sind? Was ist, wenn das etwas ganz Positives ist?

Akzeptiere Deine Selbstzweifel als einen wichtigen Teil von Dir. Sie machen Dich zu einem Menschen.

Eine weitere Sache habe ich gelernt: Die Qualität unseres Lebens wird im Wesentlichen durch die Qualität unserer Selbstgespräche bestimmt.
Unsere gefühlte Lebensqualität ist die Konsequenz davon, wie positiv oder negativ wir mit uns selbst sprechen. Ich mag die Quelle meiner Selbstzweifel nicht sofort beheben können, aber ich kann meine Selbstgespräche steuern.

Stell Dir vor, Du wärst Dein eigener bester Freund. Dein größter Fan. Was müsstest Du Dir selbst in Zeiten des größten Selbstzweifelns sagen, um wieder Mut zu fassen? Was musst Du hören, um wieder mit einem Lächeln Deinen Aufgaben nachzugehen? Sag Dir genau das selbst. Immer und immer wieder. Gerne auch laut.

Ich rede den ganzen Tag mit mir selbst. Machen wir alle in Gedanken sowieso. Aber anstatt, dass ich mich denken lasse, versuche ich immer proaktiver zu denken. Also meine Selbstgespräche zu steuern. Wenn mein innerer Zweifler am Mikrofon sitzt und mir alles am Hinterfragen ist, dann gehe ich in den Dialog.

„Kann es sein, dass Du gar nicht Recht hast? Ich habe schon so viel erreicht und so viele tolle Erlebnisse gehabt. Ich bin wertvoll. Ich bin wer. Ich bin Tobi Krick. Tobi, Du schaffst das. Du hast schon so viele Herausforderungen überwunden. Du bist ein geiler Typ. Klar, Du hast Probleme und machst Fehler. Aber genau das ist normal und macht Dich zu einem starken Charakter. Tobi, gib nicht auf. Mach weiter. Du packst das."

Oft wiederhole ich innerlich ein paar Mantras immer und immer wieder. „Ich bin gut. Ich bin richtig."

Selbstzweifel sind normal. Aber sie dürfen nicht über längeren Zeitraum am Steuerrad meines Lebens sitzen. Ich selbst bin der Kapitän und ich kann mir selbst so viel Mut und Zuversicht zusprechen, dass mein innerer Zweifler, oder mein ‚inneres Küken' wie ich gerne sage, zwar immer noch hörbar ist, aber mich nicht mehr vom Handeln ablenkt.

Übernimm Verantwortung für Deine Selbstgespräche. Werde Dein eigener bester Freund.

„Ich bringe mich immer wieder in die Situation, dass ich alles Last Minute mache und dann richtig Stress bekomme."

Der gute alte Last-Minute-Horror. Du hättest ja letzte Woche ganz entspannt schon an dem Projekt arbeiten können. Du hättest ja schon vor zwei Monaten Akquise machen können, aber jetzt MUSST Du. Und das ist unangenehm. Die Spannung steigt.

Was glaubst Du... Warum fehlt Dir der Antrieb, wenn Du nicht gestresst bist? Magst Du Deine Arbeit nicht und gehst den unangenehmen Sachen aus dem Weg? Oder lässt Du Dich von den Deadlines überraschen, weil Du einfach nicht gut geplant hast?

In den meisten Fällen, die ich kenne, steckt eine fast perverse Befriedigung dahinter, gestresst zu sein. Jetzt wirst Du vielleicht sagen: „Das ist Blödsinn. Ich will ja nicht gestresst sein! Deswegen lese ich ja das beschissene Buch hier." Ok! Fair enough. Aber wenn Du Dich immer dem gemäß verhältst, was Du über Dich selbst denkst, was sagt das dann über Dich aus?

Was glaubst Du, warum Du insgeheim den Stress magst?

Gibt er Dir ein Gefühl von Befriedigung, weil Du Dich wichtig und gebraucht fühlst?
Ist es für Dich leichter, über Deinen Stress zu meckern, als anderen zu erzählen, wie einfach und schön alles in Deinem Leben läuft?

Vergiss nicht: Unser Ego ist perfide und nutzt die verstecktesten Mechanismen, um sich nicht verändern zu müssen.

Wenn Du unter dem Last-Minute-Horror leidest empfehle ich Dir drei Dinge:

Erstens: Nutze die vier Glaubenssatzfragen. Nimm Dir das entspannte Arbeiten ohne Stress und Druck als Ziel vor und gehe dann die vier Fragen durch. Vielleicht findest Du dann schon raus, warum Dir das immer wieder passiert.

Zweitens: Schreibe mal ein paar Minuten auf, wie so ein Leben ohne diesen Termindruck aussehen könnte. Was würdest Du anders machen? Wie würde es sich anfühlen? Wie hättest Du Dich strukturieren müssen, damit Du mit mehr Entspanntheit unterwegs bist? Eine Veränderung fängt meistens damit an, dass wir sie uns vorstellen können.

Drittens: Nutze zwei Zeitmanagementtechniken, um Dich besser zu strukturieren: Die Eisenhower-Matrix und die Pomodoro-Technik.

Mit der Eisenhower-Matrix ordnest Du für jede Woche Deine ToDos in vier Felder ein: Wichtig und nicht dringend. Wichtig und dringend. Nicht wichtig und dringend. Wichtig und nicht dringend.

Das hilft, dass Du immer auf dem Schirm hast, was wirklich wichtig ist und was eine klare Deadline hat.

Pomodoro-Technik ist ein Timer, in der Regel 20 Minuten lang. Wenn Du gerade nicht gestresst bist und eigentlich an dem Aufschiebe-Projekt arbeiten könntest, stell Dir einen Timer auf 20 Minuten und mach Dich blind an die Arbeit. So kommst Du ins Momentum und gleichzeitig weißt Du, dass Du nach 20 Minuten wieder aufhören kannst, wenn Du willst. Die Hemmung, anzufangen ist also viel kleiner.

Nutze die Techniken, sobald Du kannst und dank mir einfach in Ruhe mal.
Kleiner Scherz.

Aber unterschätze nicht, wie machtvoll das sein kann! Erzähl Dir bitte nicht die Geschichte, dass das zu banale Ratschläge für ein zu tief liegendes Problem seien. Selbst die größten Probleme löst Du immer Schritt für Schritt.

Angst scheint viele Ursachen zu haben. Angst vor Verlust, Angst vor Versagen, Angst, verletzt zu werden und so weiter. Aber letztlich ist alle Angst die Angst des Egos vor dem Tod, vor der Vernichtung.
Für das Ego ist der Tod immer in greifbarer Nähe. In diesem vom Verstand identifizierten Zustand beeinflusst die Angst vor dem Tod jeden Aspekt Deines Lebens.
- Eckhart Tolle

„Wenn ich etwas Unbequemes machen muss, fallen mir immer 1000 Dinge ein, die ich dann lieber mache. Sogar Spülen und Wäsche machen hat dann Vorrang."

Wenn Du einen Frosch essen müsstest, jeden Tag, so einen richtig ekligen, wann ist wohl die beste Zeit dafür? Jawoll! Als erstes! Dann ist es weg und Du schiebst das nicht den ganzen Tag vor Dir her. So kannst Du das auch mit den unbequemen Aufgaben machen.
Sobald Du anfängst zu arbeiten, mache zuerst das, was Du am beschissensten findest. Was Du immer gerne aufschiebst.

Nutze am Besten die Fünf-Minuten-Regel dazu.

Kennst Du noch nicht? Perfekt, dann hat sich das Buch ja so richtig gelohnt.

Große Aufgaben, die dann noch unbequem sind, lähmen uns. Sie wirken so schwierig und groß, dass uns oft der Antrieb fehlt, sie anzugehen. Jap, uns. Mir auch.

Also: Wenn ich merke, dass ich aufschieben will, nehme ich mir für diese Aufgabe nur fünf Minuten. Gerne auch mit einem Timer. Denn fünf Minuten gehen schnell rum. Danach kann ich ja wieder machen, was ich will.

Aber meistens komme ich in den Flow und wenn ich einmal dran bin, höre ich nicht mehr so schnell auf.
Das ist die Fünf-Minuten-Regel.

Das ist die Macht der kleinen Schritte.

Außerdem gibt es ein paar spannende Erkenntnisse, warum wir dann sogar Spülen oder Wäsche lieber machen als das, was wir aufschieben. Wir Menschen lieben Probleme. Jawoll, wieder so eine komische irrationale Psycho-Wahrheit. Aber sie ist wahr! Kleine alltägliche Probleme zu lösen kreiert Erfolgserlebnisse und schüttet Glückshormone aus. Ein Fenster zu putzen ist zwar stinklangweilig, aber nach wenigen Minuten sehe ich, was ich gemacht habe. Wenn Du die Spülmaschine ausräumst, hast Du nach fünf Minuten das Gefühl, richtig was geschafft zu haben. Fühlt sich geil an!

Mach Dir das zu Nutzen! Belohne Dich nach kleinen Arbeitsschritten. Klopf Dir selbst auf die Schultern. Sag Dir selbst:
„Geil! Das hast Du richtig gut gemacht. Ich bin stolz auf Dich." Am besten schreibst Du es Dir sogar noch auf.

Das ist kein spiritueller weichgespülter Selbsthilfequatsch. Das ist einfache Konditionierung. Du hilfst so Deinem Gehirn, Dir zu helfen, Dich weniger zu sabotieren.

„Anstatt mich mit Vertrieb oder Buchhaltung auseinanderzusetzen, erzähle ich mir die Geschichte, dass die Situation so wie sie ist, ok sei.”

> **Erfolg hat nicht immer etwas mit Größe zu tun. Es geht um Beständigkeit. Konstante harte Arbeit führt zum Erfolg. Wahre Größe wird kommen.**
> - Dwayne Johnson

Wenn Dir das schon aufgefallen ist, dann einmal ein fettes Chapeau an Dich! Echt jetzt! Das ist eine meisterliche Leistung, denn es ist viel einfacher, die Gegenwart schönzureden, als wirklich was zu ändern. Vor allem, wenn es um so herrliche Dinge geht wie Vertrieb und Buchhaltung – ernsthaft, wer liebt das schon? Na ja, außer vielleicht mein Geschäftspartner Stefan. Der scheint auf Vertrieb abzufahren.

Es hört sich so super spirituell an: „Ich akzeptiere einfach, was ist.“ Klingt weise, oder? Fast, als hätte Buddha höchstpersönlich das beim Meditieren getwittert. Manchmal mag es auch angebracht sein, das Gegenwärtige zu akzeptieren. Aber lass uns ehrlich sein: Oft sind es Situationen, die Du nicht nur ändern kannst, sondern auch wirklich ändern solltest. Zu wenig Umsatz und finanzielle Probleme zu akzeptieren, kann irgendwie befreiend sein – das Leiden hat ein Ende. Aber dann? Dann musst Du den Hintern hochkriegen und etwas ändern.

Das ist, als würdest Du auf einer Party in einem langweiligen Gespräch festhängen. Du kannst dastehen und weiter den Smalltalk ertragen, oder Du kannst Dein Bier schnappen, Dich verabschieden und zu den interessanten Leuten rübergehen. Machs im Leben genauso: Runter vom Sofa und ran an die Arbeit.

Um aus dem Sumpf der Selbstsabotage rauszukommen, gibt es zwei Techniken, die Du unbedingt ausprobieren solltest: *Negativ Visualisieren* und *Positiv Visualisieren*. Hört sich erst mal nach Hokuspokus an, hat aber Hand und Fuß.

Fangen wir mit der **Negativ Visualisierung** an. Hier ist das Spiel: Du fragst Dich, was im schlimmsten Fall passiert, wenn alles beim Alten bleibt. Was geht den Bach runter, wenn Du jetzt nicht das Steuer herumreißt? Kannst Du bald Deine Rechnungen nicht mehr zahlen? Was dann? Lauf diesen düsteren Gedanken nach, bis es so richtig wehtut. Ja, das ist eine echte Tortur, aber genau darum geht es! Du sollst die Dringlichkeit spüren, endlich was zu ändern – weil Du bisher genau das vermieden hast. Das Bewusstsein der Konsequenzen soll Dir einen ordentlichen Tritt in den Hintern geben.

Jetzt zum spaßigeren Teil: **Positiv Visualisierung**. Stell Dir vor, Du packst endlich diese Aufgaben an und alles wird besser. Was für eine grandiose Wirkung hätte das auf Dein Leben? Mal Dir das in den schillerndsten Farben aus. Du brauchst diesen greifbaren, sexy Grund, endlich in die Gänge zu kommen.

Wenn Du beides hast – etwas, von dem Du weglaufen willst und etwas, das Du unbedingt erreichen möchtest – dann wirst Du merken, wie Deine Motivation durch die Decke geht. Dadurch gibst Du Deinen nervige ToDos wieder einen Sinn.

Denk mal nach: Wie die meisten Menschen denkst Du wahrscheinlich eher kurzfristig. Eine Tüte Chips macht Dich nicht sofort fett, also warum nicht? Aber wenn Du Dir diese Geschichte oft genug erzählst, dann wirst Du irgendwann das böse Erwachen auf der Waage haben. Das Problem ist: Weder das eine Workout im Fitnessstudio noch die eine Tüte Chips zeigen sofortige Konsequenzen. Genau deshalb müssen wir ein Bewusstsein für die Langzeitfolgen entwickeln. Und das kriegst Du hin, indem Du diese beiden Visualisierungsformen meisterst. Mach Dir klar, was auf dem Spiel steht, und dann los – veränder was!

„Wenn ich gestresst bin, hab ich keine Energie mehr, Vertrieb zu machen."

Es gibt Leute, die arbeiten erst unter Druck so richtig gut. Ich fang auch erst so richtig an, wenn der Druck steigt. Aber die Qualität meiner Arbeit lässt nach. Ich komme nicht mehr auf so gute kreative Ideen.

Du merkst vielleicht was Ähnliches. Es sieht gerade nicht so toll um Dich aus, Du hast Stress und starke Herausforderungen, und anstatt beflügelt ein Problem nach dem anderen anzugehen, gehst Du den Aufgaben aus dem Weg. Jeder Schritt kostet Dich verdammt viel Kraft.

Jetzt ist es total wichtig, dass Du Dich zu nichts zwingst. Alles, was Du bekämpfst, wird stärker. Wenn Du jetzt mit Druck und Disziplin versuchst, Deine ToDos durchzuboxen und Dich noch dafür zu verurteilen, dass Du nicht so viel gewuppt bekommst, wird Deine Energielosigkeit nur noch intensiver. Also: Loslassen.

Probier mal, eine von zwei Sachen zu machen:

Nimm Dir ein bis zwei Stunden Zeit, um nur das zu machen, worauf Du gerade Bock hast. Gucke einen Film, gehe spazieren, koch was Schönes oder schmuse eine Runde mit Deinem Hund oder Deinem Partner. Gönn Dir mal eine Zeit ohne Widerstand. Ohne Termine und ohne ToDos. Zwei Stunden werden Dir nicht weh tun. Stell Dir aber einen Wecker, und danach, setz Dich wieder dran. Du wirst wieder frische Energie haben. Zumindest der Widerstand ist geringer und es wird Dir leichter fallen, wieder ins Tun zu kommen.

Die zweite Möglichkeit ist, dass Du JETZT fünf Minuten in Deine ToDo investierst. Rufe EINE Person an. Schreibe fünf Nachrichten. Mache eine winzige Kleinigkeit. Dann mach Pause und klopf Dir auf die Schultern. Du hast Fortschritt gemacht. Vielleicht zwar nur ein wenig, aber Du bist weitergekommen.

Vielleicht kommst Du ja dadurch, dass Du Dir nur ein bisschen vorgenommen hast, in ein Momentum, auch mehr zu tun. Wichtig nur: Zwing Dich nicht. Das klappt wahrscheinlich gerade nicht.

Pause ist jetzt nicht nur wichtig, sie ist verdammt essenziell. Du musst raus aus dem ewigen Hamsterrad und Dir mal eine Auszeit gönnen, die Deinen Akku wieder auflädt. Und was könnte besser sein, als einfach mal die Bude zu verlassen und Dich draußen zu bewegen?

Schnapp Dir Deine Sportschuhe und jogge eine Runde, oder schlendere mit einem flotten Song auf den Ohren durch den Wald. Du brauchst jetzt keine halbherzigen Pausen, sondern echte, qualitätsvolle Zeit, die Deinen Geist belebt und Deine Batterien wieder voll knallt.

Energie. Kraft. Lebensfreude. Das sind die Zutaten, die Du jetzt brauchst. Und glaub mir, nach einer ordentlichen Dosis frischer Luft und Bewegung wirst Du Dich fühlen, als könntest Du Bäume ausreißen. Danach geht alles wieder leichter, die Arbeit fühlt sich weniger wie eine Sisyphusarbeit an und mehr wie etwas, das Du tatsächlich rocken kannst. Raus mit Dir! Mach den Kopf frei, lass die Alltagssorgen für einen Moment hinter Dir und lad Dich selbst neu auf. Das ist die Art von Pause, die wirklich zählt und die Dir hilft, wieder voll durchzustarten.

Die größte Waffe gegen Stress ist unsere Fähigkeit, einen Gedanken dem anderen vorzuziehen.
- William James

„Wenn ich keinen Stress habe, hab ich keine Energie mehr, Vertrieb zu machen."

Ein Last-Minute-Junkie! Herzlich Willkommen. Schön, dass Du da bist! Hab ich wieder ganz viel Verständnis für, denn ich entwickle auch ganz besonders viel Fokus, wenn ich den Fokus wirklich brauche. Funktioniert zwar ganz gut, aber führt nicht gerade zu einem entspannten ausgeglichenen Leben. Es schläft sich einfach besser, wenn das Wichtigste erledigt ist, auch ohne alles immer in der letzten Minute erledigen zu müssen.

Frag Dich: Was gibt Dir der Stress? Was hast Du davon? Wenn wir uns immer dem gemäß verhalten, was wir von uns selbst denken, dann gibt es einen großen Anteil in Dir, der auf diesen Stress abfährt. Vielleicht fühlst Du Dich nur lebendig, wenn Du etwas leidest. Etwas unter Strom stehst.

Wir haben eine ganz wunderbare Kundin, die seit bestimmt zehn Jahren konstant gestresst ist. Tut mir total leid, mit anzusehen. Aber mit jedem Lösungsansatz entstehen neue Probleme. Jede Herausforderung ist direkt ein Problem. Wir arbeiten dran und es wird auch immer besser. Aber immer noch bezieht diese Person ganz viel ihrer Bestätigung und ihrer unbewusst gewählten Daseinsberechtigung durch Stress. Sie glaubt, dass sie ohne hart zu arbeiten nichts wert sei. Sie möchte sich selbst und anderen etwas beweisen.

Harte Wahrheit, oder?!

Natürlich muss es auch Lösungen im Außen geben, damit sich langfristig die Arbeitsbelastung nicht immer weiter erhöht. Aber es fängt IMMER im Inneren an.

Falls Du noch nicht überzeugt bist, hier ein sehr griffiges Beispiel:

Als ich auf den Philippinen in der Entwicklungshilfe gearbeitet habe, haben wir vielen Menschen Möglichkeiten angeboten, mehr Geld zu machen und durch zum Beispiel ein eigenes Business ihre Familien ernähren zu können. Was glaubst Du, wie viele von 100 diese Maßnahmen wirklich angenommen haben? Maximal zwei. Eher eine. Krass oder? Du gibst Menschen strukturell die Möglichkeit, ihr Leben zu verbessern und kaum einer nutzt es. Warum? Weil das Mindset, dass es einem gut gehen darf und dass Arbeit etwas Gutes ist, noch nicht Teil der Identität ist. Lieber entspannt mit kaum Kohle etwas Saufen gehen. Ich will keinem Unrecht tun. Natürlich gibt es Ausnahmen und eine Vielzahl anderer Gründe, warum solche Maßnahmen nicht greifen, aber wenn jemand innerlich bereit für Veränderung wird, dann verändert sich auch im Außen alles. Merke Dir: Unsere Identität ist unser größter limitierender Faktor.

Wie würde für Dich so ein Glaubenssatz aussehen, bei dem Du auch arbeitest, wenn Du nicht erst in letzter Minute anfangen würdest? Was müsstest Du über Dich selbst denken, um Dir die Disziplin zu gönnen, kontinuierlich an den wichtigen Dingen zu arbeiten und Deine Feierabende, Wochenenden und Urlaube so richtig genießen zu können?
Vielleicht so was wie „Ich bin wertvoll, auch wenn ich nicht gestresst bin. Ich genieße mein Leben jeden Tag mehr, wenn ich täglich an dem arbeite, was wichtig ist, ohne mich von Deadlines und Stress überraschen zu lassen."

Probier mal aus, was passiert, wenn Du Dir so was jeden Tag sagst.

„Ich lenke mich die ganze Zeit mit Banalitäten ab.”

Nach dem, was Du jetzt schon gelesen hast, macht das doch Sinn, oder? Du hast ein paar Dinge zu tun, die entweder unbequem sind oder Dir einfach keinen Spaß machen. Und anstatt diese Herausforderungen direkt mit Fokus anzugehen, machst Du lieber die Wäsche, sortierst E-Mails oder rufst einen alten Kollegen an. Ist ja auch wichtig, gell? Nope, wäre es jetzt nicht gewesen...

Du kannst jede der obigen Methoden verwenden. Hilft alles. Visualisierung, Fokuszeiten, Pause, den Berg der großen Aufgabe in kleine ToDos strukturieren. Denn das, was du gerade mit Banalitäten prokrastinierst, scheint Dir einfach noch nicht wichtig genug zu sein.

Fokus ist trainierbar. Mir persönlich fällt das auch unheimlich schwer. Ich bin sehr spaßgetrieben und hab wahrscheinlich eine Prise ADHS mitbekommen. Wenn mir etwas zu langweilig ist, lenke ich mich gerne ab. Alles, was die unbequemen und langweiligen Aufgaben etwas unterhaltsamer macht, dient mir als gern gesehene Ablenkung. Sogar hier beim Schreiben hab ich mir einen Film parallel angemacht, bis ich gemerkt habe, dass mir das nicht gerade hilft, gute Sätze zu formulieren. Jetzt ist er gerade wieder pausiert.

Trainiere Fokus. Nimm Dir eine leere Seite in Deinem Tagebuch und schreib mal alles aus dem Kopf, was Du noch zu tun hast. Jedes kleine ToDo. Alle Gedanken vom Ausräumen der Waschmaschine zum Durchführen der nächsten fünf Akquisetelefonate. Bring alles aufs Papier. Jetzt ist Dein Kopf entlastet.

Als nächstes markiere Dir das WICHTIGSTE ToDo. Das, was für Dein Business den größten Hebel hat. Und, ähnlich wie oben beschrieben, nimm Dir fünf Minuten, um diese eine Aufgabe anzugehen. Wenn Du in den Flow kommst, dann hau noch mal 20 Minuten nach.

Wenn das erledigt ist, dann lenk Dich von mir aus wieder ab. Aber Du hast gerade 20 Minuten Fokus trainiert. Das ist wichtig!

Die Fähigkeit, sich über langen Zeitraum auf eine einzige vielleicht sogar langweilige Aufgabe zu konzentrieren, wird als eine der Skills angesehen, die unternehmerischen Erfolg am meisten begünstigen. Ähnlich wie beim Sport sind es oft die häufigen Wiederholungen, die Beständigkeit, die sich auszahlen. Es ist also eine Fähigkeit, an der Du täglich arbeiten solltest.

> **Das war schon immer eines meiner Mantras: Fokus und Einfachheit. Das Einfache kann schwieriger sein als das Komplexe: Man muss hart daran arbeiten, sein Denken zu ordnen, um es einfach zu machen. Aber am Ende lohnt es sich, denn wenn man das geschafft hat, kann man Berge versetzen.**
> - Steve Jobs

Fokus zu trainieren heißt, Dich immer 20 Minuten am Stück auf eine Sache zu konzentrieren. Schalte währenddessen alle Ablenkung ab. Kein Handy. Kein Netflix nebenher. Tür abgeschlossen. Kein frischer Kaffee in der Tasse, denn sogar ein kleiner Schluck Kaffee alle paar Minuten kann eine super schöne Ablenkungsstrategie sein. Fokussiere Dich immer 20 Minuten am Stück auf eine einzige Sache.

Der Dopaminschub, also das Gefühl einer kurzfristigen Belohnung, wie wir ihn beim Durchscrollen der Reels oder beim Gucken eines kurzweiligen Films andauernd erleben, muss immer ein klein wenig nach hinten rausgezögert werden. So durchbrichst Du langsam aber sicher die Sucht nach Ablenkung.

So, der Abschnitt ist fertig geschrieben und ich gucke jetzt ein paar Minuten meines Films weiter. Ist gerade richtig spannend.

Wie lege ich nach und nach Selbstsabotage ab?

Du kannst natürlich Selbstsabotage einfach als Teil des Lebens akzeptieren. Gehört dazu wie der Fakt, dass man sich immer wieder den kleinen Zeh an der Bettkante anhaut. Ist zwar super unangenehm, aber keiner kommt auf die Idee, sich deshalb den kleinen Zeh wegoperieren zu lassen. Es ist normal, unbequemen Dingen aus dem Weg zu gehen.

Im letzten Kapitel hast Du eine ganze Wagenladung praktischer Tools an die Hand bekommen, mit denen Du Dich aus diesem nervtötenden Strudel aus Zweifeln und Selbstsabotage befreien kannst. Vielleicht bist Du gerade in der Stimmung, Dein Leben komplett verändern zu wollen. Das ist mega, aber das bedeutet nicht, dass Du in einer wahnsinnigen Euphorie alles auf einmal umkrempeln sollst. Nein, das bringt's nicht. Was Du wirklich brauchst, ist stetiges Vorankommen – Schritt für Schritt. Rom wurde auch nicht an einem Tag erbaut und Dein neues Ich auch nicht.

Du startest mit kleinen, machbaren Aufgaben. Du ziehst einen Fuß nach dem anderen aus dem Sumpf der Selbstzweifel und setzt ihn fest auf den Boden. Mit jedem Schritt wirst Du sicherer. Und falls Du mal stolperst oder einen Rückfall in die alten Sabotage-Muster hast – kein Grund zur Panik. Das ist normal.

Du willst nicht mehr der Mensch sein, der vor seinem eigenen Schatten zurückschreckt. Du willst der sein, der seine Ängste ansieht und dann grinsend an ihnen vorbeizieht. „Ich habe meine Dämonen nicht nur angeschaut, sondern ihnen auch verdammt noch mal in den Hintern getreten."

Nimm jetzt das, was Du im letzten Kapitel gelernt hast, und mach was draus. In diesem Kapitel teile ich vier Erfolgsroutinen mit Dir, die Dir helfen werden, das Selbstsabotage jeden Tag eine kleinere Rolle in Deinem Leben spielt. Wenn Du diese vier Routinen beständig in Deinen Alltag etablierst, wirst Du wachsen.

Fühlen statt Denken

Selbstsabotage ist nicht nur eine mentale Blockade. Du kannst sie nicht nur mental lösen. Das wird in der Persönlichkeitsentwicklung viel zu häufig probiert. Es geht oft nur um Mindset. Ums Denken. Aber wir sind so viel mehr als nur unsere Ratio. Unsere Gedanken. Ein wahrscheinlich noch viel größerer Teil sind unsere Gefühle.

Gefühle sind körperliche Empfindungen, die wir rational begründen. Angst zum Beispiel ist kein Gefühl, weil wir es Angst nennen oder wir rational erkannt haben, dass wir vor etwas Angst haben. Wir spüren körperlich eine Enge im Brustraum oder in der Magengegend. Manchmal sind wir einfach nur vor etwas aufgeregt, aber wir nennen es Angst. Es kribbelt unangenehm im Bauch. Das ist rein körperlich.

Fühlen ist also etwas Körperliches. Nicht etwas Mentales.

Wenn Du lernst, zu fühlen, kannst Du auch viel zuverlässiger mit den selbstsabotierenden Mechanismen umgehen, weil Du diese emotionalen Blockaden erkennst, spürst und loslassen kannst.

„Nur wer in Bewegung ist, kann auch andere bewegen."

Aktive und bewegliche Menschen haben es leichter, sich nicht von sich selbst sabotieren zu lassen. Warum? Weil sie sich viel bewegen. Wenn sie merken, dass sie festhängen, machen sie etwas körperlich Aktives. Ein paar Yogaposen. Ein paar Runden Schattenboxen oder einen schönen Spaziergang. Das bringt ihre Energie wieder zum Fließen und dieses blockierende Gefühl löst sich auf.

Fühlen ist meine größte Baustelle. Ich nutze oft meinen durchaus ausgeprägten Intellekt als Ausrede, alles durchdenken und bewerten zu müssen, anstatt mich auf meinen Körper zu konzentrieren.

Was spüre ich gerade? Wie geht es mir? Was sagt mir mein Körper? Was braucht mein Körper gerade, um wieder kreativ und energiegeladen zu sein?

Ich teile jetzt die Dinge mit Dir, die mir am meisten helfen, ein gutes Körperbewusstsein und damit Emotionsbewusstsein zu entwickeln. Das hilft mir deutlich mehr, auch meine Selbstsabotage in den Griff zu bekommen, als jede Mentaltechnik.

Sport! Täglich!

Komm in Bewegung. Komm ins Schwitzen. Jeden Tag.
Ich hab auch Tage, wo ich mich selbst verarsche oder einfach faulenze, aber in der Regel ist mindestens ein 20-Minuten-Workout am Tag drin. Zwischendurch mache ich immer wieder einige Liegestützen oder Yogaübungen.

Warum?
Zum einen hält es mich gesund und fit. Zum anderen spüre ich so regelmäßig meinen Körper. Jedes Brennen, jeder Widerstand und jedes Muskelzittern hilft mir, mich selbst besser wahrzunehmen. Wenn ich mich bewege konzentriere ich mich darauf, wie sich mein Körper anfühlt. Ich nehme einfach wahr. Wenn möglich, ohne es zu bewerten. Das ist wie eine aktive Meditation für mich und bedeutet mir mittlerweile sehr viel.

Springen. Schütteln. Klopfen.

Ich liebe Denken. Ich mag es, meine Probleme rational anzugehen und mache mich auch gerne mal über Leute lustig, die keine Entscheidungen treffen können, weil sie es ‚gerade nicht fühlen'.

Aber wenn ich so richtig festhänge, löse ich diese Blockade nicht durch Denken. Nicht durch bloßes Aufschreiben meiner Probleme. Ich muss meine Energie wieder zum Fließen bekommen. Auch unter dem Risiko, dass sich das etwas banal oder pseudo-spirituell anhört: Schütteln, Springen und Klopfen bringt Dich schneller wieder in den Flow, als Deine Probleme therapeutisch anzugehen oder Dir die nächsten zehn Selbsthilfebücher reinzuziehen.

Ich mache mir epische Musik an, gerne eine Hans-Zimmer-Playlist oder etwas Yogamusik, und dann geht es los. Nur für ein paar Minuten. Erst hüpfe ich leichtfüßig ein bisschen herum. Hoch und runter. Mit leicht gebeugten Knien und lockeren Armen. Wie ein Boxer vor dem Kampf oder ein Fußballer, wenn er auf der Seitenlinie auf die Einwechslung wartet.

Dann schüttle ich mich durch. Wie ein nasser Hund. Warum? Weil Säugetiere so Stress abbauen. Hunde machen das intuitiv. Menschen leider nicht.

Danach klopfe ich meinen Körper mit der hohlen Hand ab. Mein Gesicht, meinen Oberkörper, meine Arme, Hüfte und meine Beine.

Wenn ich das gemacht habe, hab ich in der Regel wieder frische Energie.

So regst Du die Durchblutung an, Dein Körper kommt in Bewegung und Deine emotionale Grundenergie verbessert sich. Damit bist Du wieder in der Lage, neue Gedanken zu denken.
Du hängst nicht mehr fest.

Merke: Wir lösen unsere emotionalen Probleme nicht auf rationale Art und Weise. Wir müssen zuerst unsere Gefühle regulieren. Dann gehen wir das Problem an.

Kenne und erfülle Deine Bedürfnisse

Selbstsabotage ist kein krankhaftes Verhalten. Es ist ein Schutzmechanismus. Du willst Dir eigentlich nichts Böses tun, wenn Du unangenehmen Dingen aus dem Weg gehst. Dass Du Dich ablenken lässt und wichtige Dinge nicht angehst, kann also damit zusammenhängen, dass Du Dir unbewusst Bedürfnisse befriedigst, die Du Dir nicht auf eine andere gesunde Art und Weise erfüllst.

Zum Beispiel:
Du hast ein Bedürfnis nach Belohnung. Dieses Gefühl, ein kleines Problem gelöst zu haben, ist mega befriedigend. Deshalb ist Spülen ja oft leichter, als Vertrieb zu machen oder eine Freundschaft zu pflegen. Der Belohnungseffekt ist unmittelbar. Wenn Dir also in Deinem Alltag solche Belohnungen fehlen, holst Du Dir das unbewusst aus Quellen, die Dir langfristig nicht gut tun. Macht Sinn?

Jetzt könntest Du alle möglichen Bedürfnisse studieren und eine Tabelle machen, welche Bedürfnisse Du Dir bewusst oder unbewusst auf gute oder nicht so gute Weise erfüllst und wie Du das steuern kannst. Das ist aber unpraktisch und sehr kompliziert. Das würdest Du nie umsetzen. Musst Du Gottseidank auch nicht.

Es ist viel einfacher.

Mein Coach Joe hat mir mal gesagt: „Tobi, start every day with self care." Joe spricht kein Deutsch.

„Tobi, starte jeden Tag damit, Dir etwas Gutes zu tun."

Selbstwert kommt von einer Sache: Dem Glauben, dass man würdig ist.
- Wayne Dyer

Das ist für mich zu einer festen Regel geworden, die ich selten breche. Die ersten Minuten und Stunden des Tages gehören mir. Sie dienen nur dazu, dass ich Dinge tue, die mir gut tun. Sport, Tagebuch schreiben. Einen leckeren Kaffee genießen. Eine Runde mit unserem Hund spazieren gehen. Einen Videokurs machen oder ein Buch lesen. Ich tue Dinge, die mir gut tun. Die mir ein gutes Gefühl geben. Je intensiver ich das lebe, desto weniger muss ich mich selbst sabotieren.

Stell es Dir so vor: Wenn Du Dich gut um Dein Kind kümmerst, bevor es meckert, warum sollte es dann meckern? Ist vielleicht etwas naiv gedacht. Aber wenn wir unserem Partner Wünsche und Bedürfnisse erfüllen, bevor er oder sie uns fragt, dann muss nicht mehr gemeckert oder um etwas gebeten werden, oder?! So funktionieren wir auch mit uns selbst.

Hier noch eine psychologische Wunderwaffe:
Die innere Verhandlung.

Um mehr Bewusstsein über Deine Bedürfnisse zu bekommen und Dich nicht mehr zwanghaft zu sabotieren, tritt einen inneren Dialog mit Dir selbst an. Verhandle. Ich mach das ungefähr so:

„Lieber Tobi, Du hast ja keinen Bock, gerade Vertrieb zu machen, richtig?"
„Ja Tobi. So gar keinen Bock."
„Tobi, ich möchte noch etwas arbeiten, weil davon auch unsere zukünftige finanzielle Freiheit abhängt. Verstehst Du?"
„Ja, aber ich hab sooooo keinen Bock. Kannst Du das nicht morgen machen?"
„Lieber Tobi, ich hab ein Angebot für Dich. Wenn Du mich jetzt noch 30 Minuten ungestört und motiviert Vertrieb machen lässt, was muss ich Dir denn danach Gutes tun, damit Du das möglich machst?"
„Mmmmh... Wenn Du mir danach einen leckeren Kaffee machst und eine Folge Suits guckst, dann wäre ich einverstanden."
„Du hast einen Deal!"

Und dann halte ich mich an den Deal mit mir selbst. Ich arbeite noch 30 Minuten fokussiert und dann wird eine Runde entspannt.

Unsere Gedanken ‚unterhalten' sich doch eh die ganze Zeit. Aber wir denken selten proaktiv. Bei so einer inneren Verhandlung kommst Du schnell dahinter, was Du Dir Gutes tun kannst, um in der Lage zu sein, dass zu tun, was Du noch zu tun hast.

Jeden Tag eine beschissene Sache machen

> **Es besteht die Gefahr, dass Du ein so bequemes und weiches Leben führst, dass Du stirbst, ohne jemals Dein wahres Potenzial zu entfalten.**
> - David Goggins

Wenn Du jemals gedacht hast, Willenskraft sei nur etwas für Superhelden oder die Titelfiguren in Rocky-Filmen, dann halt Dich fest: Es gibt tatsächlich ein Stück in Deinem Gehirn, das wie der Muckibuden-Freak unter den Gehirnregionen ist – der anteriore midcinguläre Kortex. Dieses Ding wächst buchstäblich, wenn Du Sachen machst, die Du nicht tun willst, und schrumpft, wenn Du zu viel Spaß hast oder auf der Couch gammelst.

Ich war ganz baff, als ich das aus einem Podcast von Dr. Andrew Huberman mit David Goggins gelernt habe.

Stell Dir den anterioren midcingulären Kortex wie das Fitnessstudio für Deine Willenskraft vor. Dieses Gehirnareal wird stärker, wenn Du Dinge tust, die Du eigentlich nicht machen willst – wie den Mount Everest in Badehose zu besteigen oder Deine Steuererklärung zu machen, falls Du das wirklich nicht magst. Wenn Du es hasst, ein Eisbad zu nehmen, wächst dieses Areal. Wenn Du Laufen beschissen findest und trotzdem läufst, wächst es. Nach aktuellem wissenschaftlichen Stand sitzt dort nicht nur die Willenskraft, sondern auch ein wesentlicher Teil unserer Charakterstärke und unserer Lebensfreude. **Unbequeme Dinge tun macht uns zu besseren Menschen.**

Dieser Bereich sei bei Leuten, die zu viel auf der faulen Haut liegen, eher mickrig. Aber bei Leuten, die sich durch regelmäßige Herausforderungen quälen, wächst dieser Teil des Gehirns wie Arnold Schwarzenegger in seinen besten Zeiten.

Vergiss schnelle Hacks oder magische Pillen zur Stärkung Deiner Willenskraft. Der einzige Weg, sie wirklich aufzubauen, ist, sich immer wieder und ganz bewusst in den Ring zu werfen und mit den Herausforderungen zu rangeln. Das macht Dich nicht nur stärker, sondern Du lernst auch eine Menge über Dich selbst.

Deshalb solltest Du Dir diese Routine angewöhnen: Mache jeden Tag eine Sache, die Du eigentlich nicht tun willst.

Das ist nicht leicht. Soll es ja auch nicht sein. Aber der Effekt ist Wahnsinn!

Für mich ist das die kalte Dusche. Und ich versuche so oft ich kann beim Bäcker oder in einem anderen Geschäft nach einem Rabatt oder einer Sache aufs Haus zu fragen.

Ist mir super unangenehm, aber das ist ja der Punkt.
Es können genauso gut die unbequemen Gespräche oder die Akquiseanrufe sein. Hauptsache Du machst etwas, was Du nicht tun willst. Am besten täglich.

Mach das doch mal für einen Monat. Du wirst merken, wie viel stärker Dich das macht.

Der Gedankenstopp

Die große Mehrheit von uns ist Sklave ihrer Gedanken. Die meisten geben sich nicht einmal die geringste Mühe, wenn es darum geht, ihren Denkprozess zu meistern, denn das ist eine nicht enden wollende Aufgabe und es ist unmöglich, es jedes Mal richtig zu machen.
- David Goggins

Glaub nicht alles, was Du denkst. Die meisten Deiner Gedanken sind nicht wahr. Außerdem unterstelle ich Dir einfach mal, dass Du selten denkst. Du wirst die meiste Zeit gedacht. Denn Dein Gehirn ist ein komplexer Denkapparat mit einer wahnsinnigen Prozesspower, der nicht nicht denken kann. Permanent schießen Bewertungen, Gedanken und Erinnerungen durch Deinen Kopf.

Wenn die meisten Deiner Gedanken Bullshit sind, warum ihnen glauben? Warum dann den Zweifeln so viel Gewicht geben?

Der Gedankenstopp ist das Tool, was mir in den letzten Jahren am meisten geholfen hat, zu einem glücklicheren, erfüllteren und erfolgreicheren Menschen zu werden.

Ich habe den Gedankenstopp von einem Psychologen auf den Philippinen gelernt. Lass mich kurz erzählen:

In 2015 bin ich mit meiner Frau für drei Jahre auf die Philippinen ausgereist, um dort in einem Entwicklungsprojekt zu arbeiten. Das Leben in unserem Zuhause auf der Insel Samar war sehr einfach. Eine Einzimmer-Holzhütte in einem Fischerdorf, kein fließend Wasser, begrenzt Strom, kein Internet. Die Menschen vor Ort sprechen weder Deutsch noch Englisch. Sie sind Farmer oder Fischerleute und gehören zu den Ärmsten der Armen auf den Philippinen. Mich hat das Leben sehr herausgefordert. Nicht nur, dass wir die Sprache und Kultur lernen und uns an den einfachen Lebensstil gewöhnen mussten, wir hatten auch echte Herausforderungen mit unserem kleinen Team vor Ort. So isoliert von unseren Freunden und unserer Familie in Deutschland waren die drei 60-jährigen Filipinos in unserem Team unsere einzigen Bezugspersonen. Sie waren dafür zuständig, uns an die Hand zu nehmen und zu helfen, dort in der fremden Kultur klarzukommen. Leider waren sie selbst so am Limit, dass es ihnen schwer viel, mit uns und unserem immer stärker werdenden Kulturschock umzugehen.

Die Stimmung wurde immer gereizter. Wir fühlten uns mit jedem Tag mehr missverstanden und alleine. Nach fast zwei Jahren sind wir so oft aneinandergerasselt und die Stimmung wurde so angespannt, dass die Leitung der Organisation beschloss, uns als die jungen Neuen von dort in die Hauptstadt Manila zu versetzen. Zu unserem Schutz selbstverständlich. Das riss mich in eine tiefe Depression. Natürlich fühlte ich mich mit der Stimmung nicht wohl, aber nach fast zwei Jahren hatten wir gerade angefangen, uns zuhause zu fühlen. Wir hatten lokale Freunde, sprachen die Sprache und haben uns in unsere Arbeit eingefunden. Jetzt wurde uns das weggenommen. Zumindest hat es sich so angefühlt.

Um mich herum wurde es dunkel. Ich war immer ein extrovertierter und zumindest oberflächlich lustiger und lebensfroher Typ. Auf einmal war ich lethargisch. Ausgebrannt. Jeder Menschenkontakt wurde zu einer anstrengenden Herausforderung und ich schloss mich wochenlang in unserem Appartement in Manila ein.

Es hat sechs Monate gebraucht, bis ich mir im Spiegel in die Augen sehen konnte, um festzustellen, dass ich diese Person nicht mehr wiedererkannte. Ich hatte das Gefühl, mich verloren zu haben. Ein Gedanke kam hoch: „Entweder ich schaffe es irgendwie mit Hilfe, wieder zu diesem alten Tobi zu werden, oder ich muss das ganze Elend beenden.”

Ein Funke Hoffnung war noch übrig und durch eine Empfehlung kam ich mit einem kanadischen Psychologen und Coach in Kontakt, der auch auf den Philippinen lebte. Er lud mich ein, für eine Woche zu ihm zu kommen.

Der erste Schritt zum Erfolg ist getan, wenn Du Dich weigerst, ein Gefangener der Umstände zu sein, in denen Du Dich gerade befindest.
- Mark Caine

Meine Erwartung war, dass er mich bestätigt, dass meine Depression von den schlimmen Umständen und der mangelnden Betreuung in unserem Team kam. Dann hätte ich mich weiter in meiner Opferrolle verkriechen können. Aber nein. Er machte sehr schnell deutlich: „Tobi, der Stress hat Dich nicht depressiv gemacht. Der Stress hat lediglich Deine sonst so starken Abwehrmechanismen geschwächt und jetzt kommen die ganze Unsicherheit und die ganzen Selbstzweifel hoch, die Du sonst so gut unterdrücken konntest.”
Das war eine unglaubliche Erkenntnis für mich.

Er half mir, an mir selbst zu arbeiten. Meiner Identität. Und schon am zweiten Therapietag brachte er mir den Gedankenstopp bei:

„Tobi, mache eine Liste mit allen negativen Aussagen, die Du zu Dir selbst sagst. Jedes ‚Du Trottel', wenn Dir etwas hinfällt oder jede Verurteilung, die Du Dir selbst immer wieder sagst.”

Gesagt getan. Ich erstellte eine Liste mit dutzenden Statements. Ich war geschockt, wie negativ meine Selbstgespräche waren, jetzt wo ich drauf achtete.

Als nächstes sagte er:
„Jetzt formuliere auf jeden dieser Statements positive bestärkende Antworten. Behaupte nicht immer nur platt das Gegenteil. Das ist nicht glaubwürdig. Überlege Dir, was Du auf jedes Statement entgegnen kannst, um diesen alten Sätzen nicht mehr zu glauben."

Gesagt getan. Das fiel mir zwar sehr schwer, aber einen Tag später hatte ich diese Liste.
„Was nun?", fragte ich meinen Therapeuten.

„Jetzt ist es Deine kontinuierliche Aufgabe, jedes Mal, wenn Du Dich erwischst, so einen negativen Satz zu Dir selbst zu sagen, innerlich laut STOPP zu rufen. Unterbrich den Gedanken sofort. Und dann sag Dir eine Deiner positiven Antworten."

Diese Übung begleitet mich jetzt seitdem die ganze Zeit. Es gibt manche Monate, wo ich es etwas aus den Augen verliere. In anderen Monaten ist es wieder voll im Fokus.

Durch die Übung des Gedankenstopps fallen mir viel mehr Glaubenssätze und selbstzerstörerische Gedanken auf. Je öfter ich sie unterbreche und durch etwas Positives ersetze, desto stabiler wird mein Selbstwertgefühl und ich werde zum Schöpfer und Kapitän meines Lebens und verlasse den Zustand des Opfers.
Großartig, oder?

Diese Übung lege ich Dir auch ans Herz!
Wenn Du Dir nur eine Sache aus diesem Buch mitnimmst, dann lass es den Gedankenstopp sein. Vielleicht ist das etwas ganz Neues für Dich. Vielleicht auch nur eine wichtige Erinnerung.

Erfolg im Leben entsteht nicht dadurch, dass man eine gute Hand hat, sondern dadurch, dass man eine schlechte Hand gut spielt.
- Warren G. Lester

Bedenke: Deine Lebensqualität wird im Wesentlichen von der Qualität Deiner Gedanken bestimmt und die Qualität Deiner Gedanken liegt in Deinem Verantwortungsbereich.

Du bist der Kapitän Deines Lebens.
Der Kreateur Deines Erfolgs.
Der Schöpfer Deiner Zukunft.

Überlasse Deine Gedanken und Gefühle nicht dem Zufall oder der Prägung durch Deine Vergangenheit.

„Ist das nicht anstrengend?"

Ja. Immer wieder. Alles Neue ist zuerst anstrengend, dann chaotisch und dann wunderschön. Veränderung ist unausweichlich. Aber anstrengende Dinge tun uns gut. Sie formen unseren Charakter.

Ob Du Dich bewusst so veränderst, wie es Dir und Deinem Wunsch für die Zukunft entspricht oder ob Du Dich von den Wogen der Meinung und Stimmung Deiner Mitmenschen lenken lässt, liegt in Deiner Hand.

Hat Dir das Buch gefallen? Konntest Du ein paar hilfreiche Impulse für Dich mitnehmen?
Wenn ja würde ich mich sehr freuen, wenn Du eine gute **Rezension** auf Amazon schreibst. Das hilft ungemein, das Buch mehr Menschen verfügbar zu machen.
Ganz ganz herzlichen Dank für Dein Vertrauen und für das Lesen des Buches.

Liebe Grüße,
Tobi

Ganz lieben Dank Peter! Deine Zeichnungen bringen so viel Liebe und Lebendigkeit in dieses Buch und durch Dein wachsames Auge konnten so viele Fehler behoben werden. DANKE für Deinen Beitrag. Du bist eine Bereicherung für uns und die Erfolgsbeschleuniger Community.

Peter Beckhaus ist Illustrator mit Leib und Seele.
Seine größte Leidenschaft ist es, die Welt mit all ihren komplizierten Zusammenhängen durch seine Illustrationen ein bisschen verständlicher, aber auch leichter, lustiger und liebenswerter zu machen.
Direkt nach seinem Studium mit dem Schwerpunkt Buchgestaltung hat er sich deshalb als Illustrator für Schul- und Kinderbücher selbstständig gemacht und in den über 40 Jahren seiner Berufstätigkeit knapp 200 Titel mit seinen Zeichnungen versehen und zum Teil auch typografisch gestaltet.
Sein größter Erfolg war das Kinderbuch „Die verflixte, verzwickte, verzweigte Geschichte vom kleinen dicken Hund", mit der er schon während seines Studiums in Zusammenarbeit mit seinem Professor Hans Peter Willberg begonnen hatte.
1986 erschien das Buch im Ellermann-Verlag und wurde von der Stiftung Buchkunst unter die 50 schönsten Bücher des Jahres gewählt. Kurz darauf folgte eine Übersetzung ins Französische. 2009 wurde es in einer überarbeiteten Version erneut aufgelegt, diesmal beim Thienemann-Verlag, und wurde in vier weitere Sprachen, darunter ins Chinesische, übersetzt.
Als freier Mitarbeiter beim SWR erwarb er sich darüber hinaus auch Kenntnisse und Erfahrungen im Bereich Trickfilm, die er seit einigen Jahren mit seiner Leidenschaft am Erklären kombiniert und sich mit der Herstellung handgezeichneter Erklärvideos einen Namen gemacht hat.

Stell Dir vor, jeder Selbstständige und jeder Unternehmer im deutschsprachigen Raum wäre erfolgreich und würde ein wirklich erfülltes und glückliches Leben leben. Was hätte das für eine Auswirkung auf die Mitarbeiter? Die Familien? Die ganze Gesellschaft?

Dafür sind Stefan Gebhardt und Tobi Krick angetreten.

Ihr Ansatz ist sehr praktisch. Der Hauptgrund, warum viele ihre Ziele nicht erreichen liegt nicht in der perfekten Strategie. Er liegt in der Umsetzung.

Erfolgsbeschleuniger hilft Unternehmern, ihre Visionen und Ziele in kleinen Schritten in die Umsetzung zu bringen.

Stefan Gebhardt bringt seine begeisternde Art, seine überschwängliche Energie und seine langjährige Erfahrung als Verkaufs- und Vertriebstrainer ein, um sowohl Gründer als auch erfahrende Unternehmer und ihre Teams in die Umsetzung zu bringen.

Tobi Krick setzt seine Begabungen als Coach für Persönlichkeitsentwicklung und seine inspirierend tiefgründigen Ansätze ein, um nachhaltig die Erfolgsblockaden der Menschen aufzulösen und ihr Selbstbewusstsein zu erhöhen.

Gemeinsam haben sie in 2022 Erfolgsbeschleuniger aufgebaut. Eine Unternehmerplattform zum Wachsen, Lachen, Kohle, Machen.

Wenn Du persönlich und mit Deinem Business wachsen willst, schau auf unserer Webseite www.erfolgs-beschleuniger.com vorbei und tritt mit uns in Kontakt.